UNE ÉVOLUTION JURIDIQUE

LE

CARACTÈRE DÉCLARATIF DU PARTAGE

DANS

L'ANCIEN DROIT ET LE DROIT ACTUEL

PAR

E. ROUARD DE CARD

PROFESSEUR A LA FACULTÉ DE DROIT DE TOULOUSE

PARIS

A. DURAND ET PEDONE-LAURIEL

LIBRAIRES DE LA COUR D'APPEL ET DE L'ORDRE DES AVOCATS

A. PEDONE, Editeur

13, RUE SOUFFLOT, 13

1895

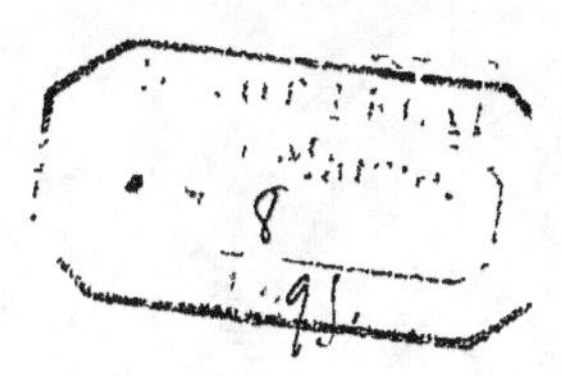

UNE ÉVOLUTION JURIDIQUE

LE

CARACTÈRE DÉCLARATIF DU PARTAGE

DANS

L'ANCIEN DROIT ET LE DROIT ACTUEL

DU MÊME AUTEUR :

L'arbitrage international dans le passé, le présent et l'avenir, ouvrage couronné par la Faculté de droit de Paris (Prix Sturdy), précédé d'une lettre par M. Ch. Giraud, membre de l'Institut, et d'un extrait du rapport fait à la Faculté de droit de Paris par M. Lyon-Caen, professeur agrégé à la Faculté de droit de Paris. — Paris, Durand et Pedone-Lauriel, in-8, 1877 (1).

La guerre continentale et la propriété. — Paris, in-8, Durand et Pedone-Lauriel, 1877.

Un essai de réforme administrative en Algérie. — Paris, Berger-Levrault, br. grand in-8, 1881.

Les certificats d'études spéciales en Algérie. — Paris, Berger-Levrault, br. grand in-8, 1884.

Condition de l'individu né en France de parents étrangers, d'après le Code civil et d'après la proposition de loi sur la nationalité. — Paris, Berger-Levrault, br. grand in-8, 1887.

Études de droit international. — Paris, G. Pedone-Lauriel, in-8, 1890.

De la distinction entre la responsabilité contractuelle et la responsabilité délictuelle d'après la loi et la jurisprudence françaises. — Paris, G. Pedone-Lauriel, in-8. 1891.

Les Destinées de l'arbitrage international depuis la sentence rendue par le tribunal de Genève. Paris, Pedone-Lauriel, 1 vol. in-8, 1892.

La Nationalité française. — Paris, Pedone-Lauriel, 1 vol. in-8, cartonné, 1894.

Un protectorat disparu. — Paris, Pedone-Lauriel, br. grand in-8, 1894.

(1) Ne pas confondre cet ouvrage avec celui que M. Michel Revon a publié en 1892, chez M. Arthur Rousseau et auquel il a donné un titre identique par suite d'une usurpation.

UNE ÉVOLUTION JURIDIQUE

LE

CARACTÈRE DÉCLARATIF DU PARTAGE

DANS

L'ANCIEN DROIT ET LE DROIT ACTUEL

PAR

E. ROUARD DE CARD

PROFESSEUR A LA FACULTÉ DE DROIT DE TOULOUSE

UNE ÉVOLUTION JURIDIQUE

LE CARACTÈRE DÉCLARATIF DU PARTAGE

DANS

L'ANCIEN DROIT ET LE DROIT ACTUEL.

A la différence de la législation romaine, l'ancien droit français considéra le partage comme ayant, sous certains rapports, le caractère d'un acte déclaratif : chaque co-partageant, pour les biens mis dans son lot, fut réputé n'avoir acquis aucune part indivise du chef des autres co-partageants (1).

Cette fiction, dont on se servit surtout pour combattre les prétentions fiscales des seigneurs, a survécu à la Révolution et nous la retrouvons aujourd'hui formulée dans le Code civil (2). Mais en passant dans le droit actuel, elle a subi un changement notable. Abandonnée en matière fiscale, elle n'a plus d'application qu'en matière civile et, même sous ce rapport, sa portée se trouve restreinte par les lois relatives à l'hypothèque maritime.

Une pareille transformation qui s'explique par des motifs financiers et économiques, s'est opérée lentement, en plusieurs étapes. Nous nous proposons de l'étudier au moyen d'une comparaison faite entre l'ancien droit et le droit actuel.

§ 1. — *Ancien Droit français.*

Pour montrer comment le caractère déclaratif du partage s'est dégagé dans l'ancien droit, nous allons examiner successivement les relations fiscales et les relations civiles.

---

(1) En droit romain, le partage fut traité comme étant un acte translatif. On disait que chaque co-partageant faisait avec les autres co-partageants un échange de portions indivises. Dig. Liv. X, Tit. II, Fr. 20, § 3 : « quasi certa lege permutationem fecerint ».

(2) Code civil, art. 883.

A. — Relations fiscales.

Dans l'ancienne France, l'aliénation de diverses tenures donnait lieu à la perception de certains droits : droit de quint s'il s'agissait d'un fief (1), et droit de lods et ventes s'il s'agissait d'un bail à cens (2). Ces droits, qui étaient le prix du consentement donné par le seigneur ou le bailleur, devaient-ils être perçus à propos des partages (3)? — De bonne heure, la négative prévalut pour le partage pur et simple; mais elle ne fut pas admise pour la licitation et le partage avec soulte, qui présentaient de grandes analogies avec la vente. C'est ce que constatent nettement deux documents du XIII⁰ siècle.

1° Un paragraphe extrait du livre de Jostice et de Plet (4). Liv. 12. tit. 13. § 3. « L'en ne rent pas los.... de partie commune, s'il n'i a termes (lire : tornes), mès s'il i a termes (lire : tornes), de tant doit l'en le los.... »

2° Deux articles des coutumes de Toulouse (5).

Art. 125. — « Noverint, etc. quod usus seu consuetudo est Tho-

(1) Loysel, Institutes coutumières, Liv. IV. T. III. R.572. « En vente de fiefs sont dus quints pour et au lieu de l'assentement du seigneur ; et en quelques lieux encore, requints ; et en d'autres, seulement treizième selon les conventions ou coutumes des lieux ».

(2) *Le grant Coustumier de France*. Liv. II. Chap. XXIII. « En censive selon l'usage de Paris et communément, l'acheteur doibt les ventes au seigneur foncier, c'est assavoir pour chascune livre des ventes vingt deniers »

(3) Dans les écrits des jurisconsultes et dans les textes des coutumes que nous aurons l'occasion de citer, d'ordinaire il n'est question que des lods et ventes. Cette expression, prise alors *lato sensu*, embrasse même le droit de quint.

Quelquefois, aux mots « lods et ventes » on ajoute les mots « et autres droits seigneuriaux ». Ces derniers mots comprennent les droits de quint. Enfin, plus rarement le droit de quint se trouve spécialement mentionné à côté du droit de lods et ventes.

(4) La date de cet ouvrage doit être placée entre 1260 et 1270. Ginoulhac, *Cours élémentaire d'histoire générale du droit français*, n⁰ 607, 1ʳᵉ édit.

(5) Ces coutumes, à l'exception de vingt articles, furent approuvées par lettres patentes du 19 octobre 1283. Le rôle qui avait été soumis au roi, fut collationné avec le livre original en présence des commissaires royaux et des consuls à la date du 5 février 1285.

M. Tardif, professeur de droit civil et canonique à l'Ecole des Chartres, a donné une édition de ces coutumes d'après les manuscrits 9187 et 9990 fonds latins de la Bibliothèque nationale.

lose quod si aliqui lucrentur insimul quandam hereditatem qui lucrantes nulla alia bona habebant communia preter hereditatem acquisitam, et post modum ipsam hereditatem dividant, et major pars inde devenerit uni quam alteri, et ratione illius majorie, ille qui ipsam habet in recompensatione illius majorie solverit aliquam pecunie quantitatem habenti minorem partem, *quod talis divisio habetur pro venditione.* »

Art. 126. — « *Item*, si medietas alia divisa, ut est dictum, est feudalis, quod dantur inde pax domino feudi ex quantitate pecunie inde solute, ratione recompensationis *ac si esset directa venditio.* »

La distinction qui avait été faite entre le partage pur et simple, d'une part, et le partage avec soulte ou la licitation, d'autre part, ne devait pas être maintenue : elle s'effaça peu à peu. A la fin du XVIe siècle, nous voyons les soultes et les licitations entre cohéritiers affranchies du droit de lods et ventes

Telle est la solution qu'on trouve dans les coutumes réformées après la réunion des Etats de Blois en 1576.

D'abord, l'article CXIII de la coutume d'Orléans (1583), à propos du partage avec soulte, s'exprime de la façon suivante : « Pour partage, division et subdivision entre cohéritiers, n'y a profit au seigneur censier encore qu'il y ait *tournes* ».

Ensuite, l'article LXXX de la coutume de Paris (1580) et l'article CXIV (1) de la coutume d'Orléans (1583) présentent, au sujet de la licitation, la même disposition très précise : « Si l'héritage ne se peut partir entre cohéritiers et se licite (2) par justice sans fraude, ne sont deues aucunes ventes pour l'adjudication faicte à l'un deux ; mais s'il est adjugé à un estranger, l'acquéreur doit *ventes* ».

Ces textes étaient appliqués, en dehors de Paris et d'Orléans, dans les pays où la coutume ne statuait pas d'une façon spéciale sur la licitation.

---

(1) Cet article vise l'héritage roturier, mais l'article XVI de la même coutume formule une règle semblable pour l'héritage féodal.

(2) Bourdot de Richebourg sous ce texte dit : « Bien qu'il ne soit parlé que de la licitation entre cohéritiers, il faut dire la même chose de la licitation d'un acquest entre le survivant et les héritiers du prédécédé ».

A ce propos, nous lisons dans le recueil de Louët (1), « qu'il se trôuve un arrêt donné en la Grand'Chambre, au rapport de M. Bellanger, en la coutume de Chartres *qui ne disposait point particulièrement non plus que celle d'Amiens,* lequel avait jugé la question en juillet 1586. Et avait été donné arrêt en la cinquième, au rapport de M. Bavyn, au profit de M. Chartier, prononcé en robes rouges ; par lequel on avait jugé que de soulte de partage n'était dû aucuns droits seigneuriaux ; et que la nouvelle coutume de Paris, réformée sur les arrêts de la cour, l'avait ainsi ordonné ».

Malgré le texte si clair des coutumes révisées, on tenta, d'ailleurs sans succès, de formuler des objections sur certains points spéciaux. Ainsi, dans le cas où des personnes étrangères avaient été admises à la licitation, certains jurisconsultes, s'emparant de cette circonstance, prétendirent que le droit de lods et ventes devait être acquitté, bien que l'adjudicataire fût un cohéritier. Hâtons-nous de dire que cette opinion, vigoureusement combattue, ne triompha pas en pratique. Par un arrêt du 3 mars 1587, le Parlement de Paris jugea « que la licitation étant faite entre cohéritiers sans fraude, l'un d'eux demeurant adjudicataire, il n'était dû aucuns droits de lods et ventes, ni autres droits seigneuriaux, encore que les étrangers eussent été admis à enchérir (2) ».

Nous venons de constater que dans la seconde moitié du XVIe siècle les soultes et les licitations entre cohéritiers sont assimilées aux partages proprement dits : ces diverses opérations sont toutes affranchies des droits de lods et ventes (3). Il nous reste à voir par quels arguments on essaya de justifier cette exemption.

Les uns prétendirent que les partages même avec soultes ou par voie de licitation constituaient des aliénations nécessaires.

(1) Louët, *Recueil de plusieurs arrêts notables du Parlement de Paris,* Lettre L. IX.

(2) Louët, *op. cit.,* L. IX.

(3) Loysel, dans ses Institutes Coutumières publiées en 1607, dit : « De partage, licitation et adjudication entre cohéritiers ou comparçonniers, ne sont dus lods ne ventes ». Liv. IV, t. II, R. 542.

Cette explication fut bien vite jugée mauvaise parce que les droits de lods et ventes étaient dus aussi bien à propos d'une aliénation nécessaire qu'à propos d'une aliénation volontaire.

D'autres mieux inspirés soutinrent que, dans les opérations de partage, l'intention d'aliéner ne se rencontre pas. Ce fut l'avis de d'Argentré : « Il n'est deu ventes ne profits de fief de tel partage, pource qu'en ce cas il faut regarder le premier tiltre et occasion de contract, et ce qu'entendent les parties, qui est de diviser leurs héritages et partager ce qui se trouve commun entre les parties, sans volonté n'y intention de vendre l'un à l'autre » (1).

Arrivés à ce point, les jurisconsultes n'ont plus qu'un pas à faire pour trouver la formule d'après laquelle le partage est déterminatif ou déclaratif et non pas translatif de propriété (2). Ils la dégageront dans les siècles suivants (3).

B. — Relations civiles.

L'idée, qui consistait à considérer le partage comme un acte déterminatif, ne s'affirma pas seulement en matière fiscale ; elle pénétra aussi dans les relations civiles. Sous son influence, les jurisconsultes tranchèrent une question que l'on avait soulevée en pratique et dont l'intérêt était grand : ils décidèrent que les hypothèques consenties durant l'indivision sur un fonds héréditaire par l'un des cohéritiers ne devaient pas être maintenues, si, par le partage, ce fonds était attribué aux autres cohéritiers. Leur manière de voir ne tarda pas à être consacrée par les cours souveraines. Des arrêts du 8 janvier 1569 et 15 mai 1581 jugèrent « qu'un créancier n'avait d'hypothèque que sur le lot échu à son débiteur ». De même, un arrêt du 2 août 1595 « déclara

---

(1) D'Argentré, Advis sur les partages des nobles. Question XL, nº 2. Louët sans beaucoup de discernement donne les deux explications à la fois, *op. cit.* L. IX.

(2) Cette idée est bien mise en relief par M. Demolombe. Code Napoléon, t. XVII, p. 288.

(3) Au XVIIIᵉ siècle, Pothier se sert du mot « déterminatif », *Traité des successions,* ch. VI, art. V, 91 et Davot du mot « déclaratif », Institutes Coutumières de Loysel. Note sous R. 542, liv. IV, t. II.

hypothéqué le lot seul du débiteur et déchargea celui de ses cohéritiers » (1).

Ainsi, dans l'ancien droit, le partage a un caractère déclaratif, non seulement au point de vue de relations fiscales, mais encore au point de vue de certaines relations civiles. C'est ce qu'explique Pothier avec sa clarté habituelle : « Le partage, dit-il, n'est donc pas considéré comme un titre d'acquisition par lequel chaque cohéritier acquiert de ses cohéritiers les portions indivises qu'ils avaient avant le partage dans les effets qui lui sont assignés pour un lot, mais c'est seulement un acte déterminatif des choses auxquelles chacun des cohéritiers a succédé au défunt ; chacun des cohéritiers qui n'était héritier qu'en partie n'ayant pu succéder à toutes, mais seulement à celle que lui assignerait un jour le partage que la nature de l'indivision de la succession exigeait ».

Après avoir donné cette formule, il en déduit une double conséquence. « De là il suit : 1° que les partages ne donnent aucune ouverture aux profits féodaux ni censuels ; — 2° que les hypothèques de chacun des cohéritiers se restreignent aux seules choses qui échoient dans le lot de leur débiteur et qui sont susceptibles d'hypothèques et qu'elles s'évanouissent ou s'éteignent entièrement lorsqu'il n'est échu au lot de leur débiteur que des choses mobilières et non susceptibles d'hypothèques, et qu'en conséquence, chacun des héritiers n'est aucunement tenu des hypothèques des créanciers de ses cohéritiers (2) ».

§ II. — *Droit français actuel.*

Nous allons maintenant voir dans quelle mesure le droit actuel reconnait au partage le caractère déclaratif. Cette recherche sera faite, comme dans le paragraphe précédent, au double point de vue fiscal et civil.

A. — Relations fiscales.

Plusieurs lois ont successivement réglementé la matière fiscale. En les parcourant, on remarque que le législateur se

(1) Louët, *op. cit.* Lettre H. IX.
(2) Pothier, *Traité des successions*, ch. IV, art. V, § 1.

montre de plus en plus disposé à considérer le partage comme un acte translatif, afin de mieux sauvegarder l'intérêt du Trésor.

Examinons ces diverses lois.

1º Loi du 22 frimaire an VII.— Cette loi attribuant au partage un caractère déclaratif, lui appliqua simplement un droit fixe de 3 francs (1). Mais elle limita ce système au partage en nature, elle ne l'étendit pas aux licitations (2) et aux soultes (3) qui furent, comme tous actes translatifs de propriété, assujettis à un droit proportionnel. Le taux de ce droit fut fixé à 2 0/0 ou 4 0/0 suivant la nature mobilière ou immobilière des biens indivis.

2º Loi du 28 avril 1816.— D'après cette loi, le droit fixe auquel le partage se trouvait assujetti, fut élevé de 3 francs à 5 fr. (4).

3º Loi du 28 février 1872. — Cette loi apporta un changement plus notable. Elle rangea le partage dans un groupe intermédiaire entre les actes translatifs et les actes non translatifs. Aussi établit-elle un nouveau droit qui n'était ni le droit fixe, ni le droit proportionnel (5). Ce droit, appelé droit gradué, fut fixé de la façon suivante : 5 francs pour les valeurs de 5.000 fr. et au-dessous ; 10 francs pour les valeurs supérieures à 5.000 fr., mais n'excédant pas 10.000 francs ; 20 francs pour les valeurs supérieures à 10.000 francs, mais n'excédant pas 20.000 francs ; et ensuite 20 francs pour chaque valeur de 20.000 francs ou fraction de 20.000 francs (6).

Quant aux soultes et aux licitations, elles continuèrent à être frappées des droits proportionnels que la loi du 22 frimaire an VII avait établis.

4º Loi du 28 avril 1893. — Sous l'empire de cette loi, on a vu s'affirmer nettement la tendance nouvelle qui jusqu'alors s'était un peu dissimulée. Le partage ordinaire a cessé d'être traité

---

(1) Loi du 22 frimaire an VII, art. 68, § 3, nº 2, Actes sujets à un droit fixe de 3 francs... 2º Les partages de biens meubles et immeubles entre copropriétaires, à quelque titre que ce soit, pourvu qu'il en soit justifié.

(2) Loi du 22 frimaire an VII, art. 69, § 5, nº 6 et § 7, nº 4.

(3) Loi du 22 frimaire an VII, art. 69, § 5, nº 7 et § 7, nº 5.

(4) Loi du 28 avril 1816, art. 45, nº 3.

(5) Loi du 28 février 1872, art. 1, nº 5.

(6) Loi du 28 février 1872, art. 2.

comme une opération simplement déclarative et a été considéré comme impliquant une véritable mutation de propriété. Par voie de conséquence, le droit proportionnel proprement dit a été substitué au droit gradué (1). Sans doute, la quotité de ce droit est peu élevée puisqu'elle est fixée à 15 centimes pour 100. Mais, si l'innovation est peu importante au point de vue pratique, elle est très grave au point de vue théorique. Il s'agit, en effet, de l'abandon définitif d'une fiction dont la loi fiscale avait jusqu'alors tenu compte.

B. — Relations civiles.

Notre code civil considère, à certains égards, le partage comme ayant un caractère déclaratif. L'article 883 dit : « Chaque cohéritier est censé avoir succédé seul et immédiatement à tous les effets compris dans son lot ou à lui échus sur licitation et n'avoir jamais eu les autres effets de la succession ». Cette disposition a été écrite pour régler les rapports entre chaque cohéritier et les ayants cause respectifs des autres cohéritiers (2). Son but spécial est de prévenir des recours fâcheux qui se produiraient, si l'un des cohéritiers, devenu par le partage propriétaire exclusif d'un bien héréditaire, était tenu de respecter les hypothèques ou les servitudes consenties par un autre cohéritier durant l'indivision.

Du reste, il convient d'indiquer nettement la portée que doit avoir la règle formulée dans l'article 883 du code civil. Or, une telle détermination nous semble pouvoir être faite à l'aide de trois formules.

a) La règle de l'article 883 doit être appliquée, quelle que soit la cause de l'indivision. Ainsi, elle doit être appliquée, non seulement lorsque l'indivision provient d'une succession, mais

(1) Loi du 28 avril 1893, art. 19.

(2) L'article 883 n'a pas pour objet de régir les rapports des cohéritiers entre eux. En effet, le législateur, en organisant le recours en garantie au profit du cohéritier évincé contre les autres et en établissant un privilège au profit d'un cohéritier créancier sur les immeubles échus aux autres, a montré qu'à ce point de vue le partage conservait son caractère translatif. Voyez les articles 884 et 2103 du code civil.

encore lorsqu'elle provient de la dissolution d'une société conjugale (1) ou d'une société ordinaire (2).

b) La règle de l'article 883 doit être appliquée, toutes les fois
qu'il s'agit d'un acte à titre onéreux faisant cesser l'indivision
d'une façon absolue (3). Ainsi, elle doit s'appliquer non seulement à propos d'un partage ordinaire, mais encore à propos
d'un partage avec soulte (4), ou à propos d'une licitation quand
l'adjudicataire est un cohéritier (5), ou enfin à propos d'une
cession de droits successifs quand elle est faite à l'un des cohéritiers par tous les autres (6).

c) Mais, la règle de l'article 883 ne doit pas être appliquée
à des rapports qui sont restés en dehors des prévisions du législateur. Ainsi elle ne doit pas être appliquée aux rapports d'un
cohéritier avec ses propres ayants cause (7) ou aux rapports d'un
cohéritier avec des tiers proprement dits (8) ou enfin aux rapports entre les ayants cause d'un même cohéritier (9).

Nous devons rappeler que les lois du 10 décembre 1874 et du
10 juillet 1885, relatives à l'hypothèque maritime, ont apporté
une dérogation notable à l'article 883 du Code civil.

En effet, elles disposent que « les hypothèques consenties durant l'indivision, par un ou plusieurs co-propriétaires, sur une
portion du navire, continuent à subsister après le partage ou la
licitation (10) ».

(1) Article 1476 du Code civil.
(2) Article 1872 du Code civil.
(3) Aubry et Rau, *Droit civil français*, t. VI, p. 557 et suiv.
(4) Article 833 et article 883 combinés du Code civil.
(5) Article 883 du Code civil. Loi du 23 mars 1855, article 1, n° 4.— Besan-
çon, 23 décembre 1891 ; Sir. 1892, II, 258. — Paris, 4 février 1892 ; Sir. 1893,
II, 89 ; — Grenoble, 20 janvier 1893 ; Sir. 1893, II, 267.
(6) Nîmes, 25 janvier 1819 ; Sir. 1819, II, 287.
(7) A cet égard, certaines décisions judiciaires méritent d'être critiquées.
— Caen, 9 mars 1839 ; Sir., 1839, II, 351.
(8) A cet égard, certaines décisions judiciaires peuvent être critiquées :
Cass., 2 décembre 1845 ; Sir. 1846, I, 21.—Cass., 29 août 1853 ; Sir. 1853, I, 707.
(9) A cet égard encore, la jurisprudence n'a pas su toujours éviter l'erreur.
Voyez Limoges, 14 mai 1853 ; Sir. 1853, II, 567 ; — Grenoble, 5 août 1857 ; Sir.
1858, II, 633 ; — Angers, 27 mai 1864 ; Sir. 1864, II, 270 ; — Metz, 14 novembre 1867 ; Sir. 1868, II, 270 ; — Douai, 26 novembre 1868 ; Sir. 1868, II, 334 ;
Cass., 10 novembre 1869 ; Sir. 1870, I, 5.
(10) Loi du 10 décembre 1874 qui rend les navires susceptibles d'hypothèques,
art. 18 ; loi du 10 juillet 1885 tendant à modifier la loi du 10 décembre 1874
sur l'hypothèque maritime, art. 17.

Cette innovation que la loi de 1874 limitait aux cas de co-propriété autres que ceux résultant d'une succession ou de la dissolution d'une communauté conjugale , a été étendue par la loi de 1885 à tous les cas de co-propriété (1).

CONCLUSIONS.

On voit par cette étude qu'une curieuse évolution juridique s'est produite à propos du partage. Le caractère déclaratif que lui avait reconnu notre ancienne jurisprudence pour l'affranchir des droits seigneuriaux, se trouve à cette heure bien compromis. Il n'est plus admis en matière fiscale et, s'il subsiste en matière civile, il y reçoit une grave atteinte par suite des lois nouvelles sur l'hypothèque maritime. Nous croyons pouvoir prédire que tôt ou tard il disparaitra complètement de notre législation (2).

Une pareille réforme, en rendant plus fréquents les recours (3), compliquera un peu les rapports entre cohéritiers, mais elle augmentera leur crédit durant l'indivision, puisque les droits réels consentis par eux au profit des tiers, ne seront plus menacés par l'effet rétroactif du partage. On aura ainsi généralisé l'idée contenue dans les lois de 1874 et de 1885 qui, en apportant une dérogation à l'article 883 du code civil, ont permis aux constructeurs et aux armateurs, co-propriétaires d'un navire, de constituer des hypothèques stables et de se procurer les capitaux nécessaires à leurs entreprises.

(1) Voyez le texte cité à la note précédente.
(2) Le Code civil espagnol de 1889 traite le partage comme un acte translatif de propriété. Son article 405 est ainsi conçu : « La division d'une chose commune ne préjudicie pas aux tiers qui conserveront les droits d'hypothèques, les servitudes et les autres droits réels par eux acquis avant le partage ».
(3) Il convient de remarquer que dans le système actuel de notre Droit civil les recours entre cohéritiers ne sont pas toujours évités. Citons des cas :
a) Le cohéritier qui a été forcé de payer la totalité d'une dette héréditaire indivisible ou hypothécaire a un recours contre ses cohéritiers qui ont profité de ce paiement, art. 873 et 875 du code civil.
b) Le cohéritier qui a subi une éviction ou un trouble de droit peut former un recours en garantie contre ses cohéritiers, art. 884 du code civil.

Imp. G. Saint-Aubin et Thevenot, Saint-Dizier (Haute-Marne), 15-17, passage Verdeau, Paris.

www.ingramcontent.com/pod-product-compliance
Lightning Source LLC
LaVergne TN
LVHW010052060726
842524LV00006B/2157